Eva Zeller
Hallelujah in Moll

edition exemplum

Eva Zeller

Hallelujah in Moll

Gedichte

ATHENA

Bibliografische Information der Deutschen Nationalbibliothek

Die Deutsche Nationalbibliothek verzeichnet diese Publikation in der Deutschen Nationalbibliografie; detaillierte bibliografische Daten sind im Internet über <http://dnb.d-nb.de> abrufbar.

1. Auflage 2013
Copyright © 2013 by ATHENA-Verlag,
Mellinghofer Straße 126, 46047 Oberhausen
www.athena-verlag.de
Alle Rechte vorbehalten
Druck und Bindung: Difo-Druck, Bamberg
Gedruckt auf alterungsbeständigem Papier (säurefrei)
Printed in Germany
ISBN 978-3-89896-511-8

> *»Er hat ein Gedächtnis*
> *gestiftet seiner Wunder.«*
> (Psalm 111, 4)

Das Gedächtnis seiner Wunder

für Eva Zeller zum 90. Geburtstag

Mnemosyne. So hat man sie genannt, die griechische Göttin der Erinnerung und des Gedenkens, Mutter auch der neun Musen. In der Tat. Sie entstammen dem Schoß der Erinnerung: das Theater und die Musik, der Tanz, die Dichtung und all die anderen Künste. *Die Erinnerung.* So hat vor Jahren auch Eva Zeller eines ihrer großen Gedichte überschrieben und von ihr gesagt:

> *»Ungerührt zieht die Erinnerung*
> *Fäden aus vernähten Wunden;*
> *was heraussickert,*
> *ist schwer zu stillen,*
> *als habe es eine zu*
> *lange Gerinnungszeit*
> *und wir seien*
> *allesamt Bluter…«*

Eva Zeller, die Berliner Literatin, gehört zu den Generationen, die viele, allzu viele Wunden zu verkraften hatten – Wunden auch, die bis zum heutigen Tag noch schwelen: die Dämonie des Dritten Reiches, die desaströse

Verblendung und die verheerenden Zerstörungen des Krieges, Vertreibung, Elend und Flucht – Zeiten endgültigen Abschieds, der Entwurzelung und des Neuanfangs. Die Erinnerung, wie sie Eva Zeller allenthalben in ihrem facettenreichen literarischen Werk betreibt, schenkt uns Einblick in eine ureigene, langsam dahinschwindende Welt: das Haus der frühen Jahre und den Hof mit den »quadratischen Steinen«, den blütenübersäten Garten des Sommers mit den glühenden Dochten und den tränenden Herzen, die knarzenden Treppen und das Ticken der großen Uhr, die Eisblumen in den Fenstern und den Engel mit der Harfe in der Kirche, das Halleluja zu Ostern und das Kyrieleis, wer weiß wie oft. Doch liegt über allem Zauber der Kindheit auch ein feiner Schleier von Wehmut und ein Hauch von Heimweh, und deutlich ist zu spüren, was die Sprache der vielen Bilder vermittelt: Es ist nur schwer zu stillen, was da noch heraussickert von Tag zu Tag und von Jahr zu Jahr. Sie hat sich in der Tiefe eingenistet: die scheinbar unendliche Zeit der Feuerstürme, der Fliegeralarme und der Feldpostbriefe, die ebenso heiß ersehnt wie gefürchtet waren, je nachdem welche Botschaft solch ein Brief enthielt. Und immer wieder wurde die Hoffnung genährt, in Wochenschauen und Rundfunksendungen, die Hoffnung auf Überleben, die Sehnsucht nach einem Wiedersehen auch, eingefasst und weitergereicht in dem unvergesslichen Lied jener Lili Marleen, das uns selbst heute noch in den Ohren klingt: »Vor der Kaserne, vor dem großen Tor ...«

Die Erinnerung. Für Eva Zeller ist das ohne Zweifel die Erinnerung an Vergangenes, an all das Geschehene, das buchstäblich der Rede wert ist und letztlich den Reichtum des Lebens ausmacht. Was wäre schon ein Leben ohne Erinnerung, ohne die Aufbewahrung in einem lebendigen Gedächtnis, ohne die große Ernte an Erfahrung und Entdeckung? Was wäre schon eine Gegenwart ohne Geschichten und ohne die Geschichte, auf der sie, die Gegenwart, glücklicherweise ruht? Mehr noch. Für Eva Zeller ist die Erinnerung auch Rettung – Rettung des Gewesenen vor dem Abdriften in die persönliche wie kulturelle Amnesie, in das große, sprachlose Vergessen, und Rettung der Gegenwart wie der Zukunft mithilfe einer der großen Gnaden, die dem Menschen je und je zuteilwerden: der Sprache. Und mit der Kraft der Sprache nimmt sie denn auch in den Blick, was heute schon von Belang ist und morgen erst recht von Belang sein wird: die Zukunft dieser Erde und die Zukunft ihrer Geschöpfe, die Zukunft der Kinder und Kindeskinder wie auch die Zukunft des eigenen Lebens im Angesicht von Alter, Krankheit und Tod. Das »Haus der Sprache« wird so, genau genommen, zu einer neuen Art von Heimat, das Wort zu einer Wirklichkeit, aus der heraus ein Mensch doch letzten Endes seine Kraft, seinen Mut und seine Zuversicht schöpft. Es klingt wie ein ureigenes Geheimnis ihres weitverzweigten Werkes, wenn sie im Blick auf Worte der Bibel sagt:

> *»Ich habe nur das unverschämte Glück,*
> *am Tropf dieser Worte zu hängen.«*

Wie kaum eine Schriftstellerin und ein Schriftsteller unserer Zeit nimmt sie denn auch immer wieder auf direkte oder – mehr noch – indirekte Weise Bezug auf den Schatz jener großen Worte, Texte und Lieder, die in den Tiefen und auf den Höhen unseres Lebens je und je zu uns sprechen können. Und wer Augen hat zu sehen und Ohren zu hören, wird sie wahrnehmen: diese Kostbarkeiten im Kontext einer neuen, unverbrauchten Sprache.

Es ist das alles andere als reine Rhetorik, es ist dies die Reife eines ganzen Lebens und die Reife eines gelebten Gottvertrauens, die aus solchen Zeilen sprechen:

»Oder aber

Entweder man hat mir
das Leben aufgebrummt
bleut mir seine Regeln ein
und knöpft mich vor
wenn ich sie nicht begreife
niemand baut mir
Eselsbrücken

Oder aber der Sterne
Wolken Haare Sand
und Tränen zählen kann
zählt auch mein Haar
und meine Tränen
und alle Tage meiner Flucht

und lässt mich innewerden
dass er den Grund des Meeres
zum Wege machen und mich
hindurchgehen lassen kann«

Richard Riess

Dilemma

Mehr als einunddreißig
Buchstaben hat das
Alphabet nun einmal nicht
kaum daß man damit
Steuererklärungen
ausfüllen kann

für einen Brief an Dich
reicht das nicht
hin und her für kein
Gebet und kein Gedicht

im digitalen ABC
ist auch nicht mehr
gespeichert die
Tasten klemmen und
der Strom fällt aus
das Fenster Sprachbefehl
bleibt fest verschlossen

die unbeschriebnen
Blätter blenden so

Arbeitsprotokoll

Wenn das Wort
das ich nicht
suchen kann
sich finden läßt

dann bin ich
auf dem Trip
ganz ohne LSD

dann bin ich der
glücklichste Mensch
auf der Welt

dann blühen
Lilien auf
dem Tastenfeld

Keine andere
helfende Hand
als die durchbohrte

Warumb

Es war einmal
da schrieb man
Thränen mit th
Heyland mit ypselon
und Lutherns schweiß-
treibendes warumb
mit b am Ende

Gottes Will
hat kein warumb

hat die Laut-
verschiebung auch ein paar
Buchstaben verschoben
wischen wir uns doch
auch heute noch
verstohlen eine
Thräne aus den Augen
gehn in die Knie

und schlagen
uns herum
mit diesem
zähneknirschenden
warumb

Zeitrechnung

Schon erstaunlich
daß wir immer noch
so unverdrossen
trotz Lichtenberg
und Feuerbach trotz
Marx und Sartre
Spott und Hohn

unsre Erdentage
von dieser Geburt
an zählen die sich
begab in einer Nacht

Augenzeugen kamen
aus dem Staunen
nicht heraus
sie hörten die
Engel im Himmel
singen

die es den Hirten
erst kund gemacht
durch ihr
Hallelujah

Nicht darauf gefasst

Nicht damit gerechnet
meine Augen
aufheben zu müssen
zu den Bergen
ich glaubte
meine Hülfe komme
anderswo her

nicht vorbereitet auf
diese Niederkunft
in der kleinsten
unter den Städten
im jüdischen Land
auf den Salto mortale
Gottes ins Fleisch

und schon gar nicht
darauf gefaßt
daß Könige
sich verneigen
und die Welt
alle Jahre wieder
den Atem anhält

Einspruch eurer Ehren

Es ist nur so
er hat den Mund
zu voll genommen

was wollte er
nicht alles
für mich tun
du liebe Güte

Höckriges ebnen
mich mit Rath und Tat
mit Mutterhänden leiten

mich aus viel
tausend Nöten retten
mir hätte es aus
einer schon gereicht

mein Arzt wollte er sein
Nothelfer Tröster
der ganz und gar
in Aussicht stellt
kein Tod solle mich töten

es war zum Süchtigwerden
so wahr ich lebe
ich habe ihm
aufs Wort geglaubt

soll ich mich nun
die Frage sei erlaubt
mit weniger abspeisen
lassen gekränkt bei
Besserwissern und
bei Spöttern sitzen

die Arme in die Seite
stemmen und sagen
Einspruch euer Ehren
wenn du nicht machst
wie ich es will dann

ja was dann

Es ist

Es ist etwas anders
geworden seitdem
es ist eine
Lichtveränderung
es trat ein Leuchten
in die Welt
so warm
von Dantes Hügeln
da wo sie
sanfter werden

was ist anders
geworden daß man
soviel Aufhebens
davon macht
es ist der über-
lange Fingerzeig
seht hin es ist
ein neues Kapitel
aufgeschlagen
es ist die Rede
von der Liebesmüh
die sich verausgabt

Hoffnung

Wie verlautet wurde die
Hoffnung aufgegeben
nur hinter vorgehaltener
Hand redet man noch von ihr
in Umschreibungen denen
der Schweiß ausbricht

ein Wort hat keine
Lobby mehr kann sein
es kämpft noch lange
um sein Dasein oder
ich schreibe es in
diesem Gedicht zum
letzten mal

von dem Wunsch beseelt
widerlegt zu werden

Spiegelbild

Zu meinem Leidwesen
hat mein Spiegelbild
nichts zu lachen

Auge
das mir
die Stirn bietet

Mund
der mir
die Zähne zeigt

Hand
die die
andere wäscht

Die Kälte des
Wassers treibt mir
das Blut ins Gesicht

Wie könnte ich

Wie könnte ich
den Ahnungslosen spielen
wie mich taub stellen
als sei mir kein Wort
zu Ohren gekommen
und mich still und heimlich
aus dem Staub machen

es wisperte
noch der Staub
hinter mir her

Portrait einer Hugenottischen Ahnfrau

Schöner wäre
sie preßte die Lippen nicht
so fest aufeinander
kniffe die Augen nicht zu
als starre sie in
fauchende Flammen

Viel schöner wäre sie
ohne die aufgetürmte Frisur
Der Maler hätte ihr
ein paar Löckchen
in die Stirn zupfen
die steile Falte
über der Nase
vertuschen sollen

Nun aber sieht sie
weiß Gott so aus
als hätten ihr
die Haare zu
Berge gestanden
die Füße im Feuer

Kindergottesdienst

Es war was ist es gewesen
kann mir einer das sagen
Es war die Kunst
eine geschlagene Stunde lang
stille zu sitzen und es war
die Kunst der Fuge es war
die Herabkunft des Lichts
Blau Rot Gold Violett
und es waren sehr lange Worte
Nebukadnezar zum Beispiel
oder die Zahl hundert-
vierundvierzigtausend
die kannte ich bevor
ich bis zehn zählen konnte

Von fünf Broten
wurden fünftausend
Leute satt und immer
noch blieb etwas übrig
es war unglaublich

auf der Orgelempore
trat der Kantor
alle Zweifel auf den
Pedalen nieder
Kreuz und Elende
das nimmt ein Ende

Ein Engel legte
seine Geige an die Wange
ein andrer berührte die
Saiten seiner Harfe
die ihn wie ein dritter Flügel
bis in das Kreuzgewölbe trug

www.weihnachten.de

Bibellexikon online
im Internet da
erfährst du alles
und nichts über
Weihnachten

dieses Wort
lag dir doch
so honigsüß
auf der Zunge
nun kommst du
ins stottern
WWW Weihnachten de

gegen stottern
hilft singen
fangen wir an
wie uns die
Alten sungen die
lobeten sehre
und noch viel mehre

solche Lieder
in denen sich
geboren auf
auserkoren reimt
und empfangen auf
sehnlichstes Verlangen

lehren mich
die Weihnachtskunst

Krippenfiguren

ein holzgeschnitztes
Weihnachtensemble nur
die Hauptfigur aus Wachs
nackt und strampelnd
und so abgegriffen
als habe sich mancheiner
die Hände damit gewaschen

oft umgezogen von einem
Schuhkarton in den andern
viel Farbe blätterte ab
Kronen gingen verloren
Flügel und betende Hände
ein Stern ein Schaf
das Eselchen etwas
hat immer gefehlt

im Jahre neunzehnvierundvierzig
nach Christi Geburt
mitgeflohen im Winter
aufgebaut in einer Scheune
kein Mangel an Heu und an Stroh
auch sonst manches Zubehör
Angst Kälte und eine
Niederkunft wie sie
im Buche steht

keiner der Flüchtlinge
hätte sich seinerzeit
gewundert wenn oben
über den Dachsparren
ein Stern still-
gestanden und
geleuchtet hätte

Der Gottsucher

Wenn die Zweifel
überhandnehmen wollen
fühle ich mich
wie in einem Verhör
wo ich ein Phantombild
auf Grund von
Zeugenaussagen
dem Gesuchten
immer ähnlicher
zeichnen muß

Zukunftsmusik

Es wäre gar nicht so einfach
die Organisation hinieden
selber in die Hand
nehmen zu wollen
jedem Stern seinen
Platz anzuweisen
daß auch keiner fehle
an der ganzen großen Schar
den Vogelflug lenken
den Elchen ihre
alte Straße zu zeigen
die sechseckigen Säulchen
eines Kristalls anordnen
die Wirbel unsrer Fingerabdrucke
und keiner gleicht dem anderen
wie zerlegt sich ein Tropfen
im Licht in sein Spektrum
wie wird der Schmelz auf
Schmetterlingsflügel getupft
und obendrein guter Gott
wie bewahrt man unser
unvergleichliches Erbgut
für die Ewigkeit
Fragezeichen

soll sich doch
gefälligst auch
weiterhin darum
kümmern der sich
bisher immer
gekümmert hat

Der Atheist

Als sei er Analphabet
macht er auf Formularen
ein Kreuz hinter die
Gretchenfrage wie er es
mit der Religion hält
schließlich ist er
auf der Höhe der Zeit
es gilt seine Zweifel
zu päppeln und alle
die sich bekreuzigen
zu veräppeln

Sterne

Auch wenn jedermann weiß
daß Sterne nur
Gaskugeln aus
Atomen sind

lesen wir was in den
Sternen geschrieben steht
geben ihnen Namen
und nennen Glücksmomente
Sternstunden

und besingen den
leuchtendsten den
mit dem Schweif
den Kometen der
allen andern die
Show stiehlt
der still stand
und strahlte

Es hat sich begeben

Es begab sich aber
es hat sich begeben
und war nicht
zu beschreiben
was da geschah
die herbeigeeilt waren
von fern und von nah
fanden alles vor
wie ihnen mit Engel-
stimmen versprochen
und sie sich sehr
gefürchtet hatten so
umleuchtet von Licht

was sie im schwachen
Schein einer Stallaterne
dann zu Gesicht
bekommen haben
stellte alles
dagewesene in
den Schatten

In der Sprache des Heliand

Oder soll man wieder
wie vor tausend Jahren
in zungenbrecherischen
Stabreimen deklamieren

daß vor den Augen
der hütenden Hirten
die Finsternis sich
in Luft auflöst

das Licht wonniglich
den Nebel durchbricht
und der Gottesengel
mächtig wird er genannt

gegen sie hingewandt
das Fürchtet euch nicht
verkündet und verspricht
dieses Licht

so sehr es auch blendet
und sticht und bis
in die Seele dringt
nicht Unbill nicht
Bitternis und

keinerlei Ängste
mitbringt

Luther im Gewitter bei Stotternheim

Kurz vor Erfurt
ein Ortsschild
ein Gedenkstein
GEWEIHTE ERDE

Ein Licht zum
Gelübdeablegen
beleuchtete einen
berühmt berüch-
tigten Umweg

Wenn jetzt ein Blitz
niederführe, über-
spränge der Funke
geschlagene fünf-
hundert Jahre

Energieentladung
zwischen Himmel und
Erde Stromstärke
bis zu hundert-
tausend Ampere

was einer bei der
heiligen Anna
gelobte schlug
ins Gegenteil um

Was ich Luther sagen wollte

Ein Wörtlein Martinus
konnte ihn nicht fällen
den altbösen Feind

dabei wäre es Gott
doch ein leichtes
gewesen meine vierein-
halbtausend Herzschläge
pro Stunde regelmäßig
schlagen zu lassen
und mir güldene Waffen
ums Bett zu stellen

er hat aber meinen
Puls hochgejagt
und meinen Fuß
gleiten lassen

ich habe kein
Tintenfaß mehr
es gegen die Wand
zu schleudern

muß mich vielmehr
allen Ernstes
mit dem Gedanken
befreunden daß
es keine
helfende Hand
gibt als die
durchbohrte

Melancholia

Wenn die Melancholia
– hat Luther gesagt –
dich wieder mal anfallen will
geh an ihr vorüber
wie an einer zischenden Gans

der Mann hat gut reden

aber vielleicht wird
nun meine Schwermut
weniger schwer weil ich
über das Bild der
watschelnden Gans
mit dem lang vor-
gestreckten Hals
laut lachen kann

Was heißt verboten

Einmal habe ich
nur einen Lidschlag lang
eine Schlange
zu Gesicht bekommen

die hing gewunden
an einem Tamariskenast
als habe dieser Baum
sie wie seine Schuppen-
blätter ausgeschwitzt

da wo es züngelte
der platte Kopf
schleimverklebte
Augen ohne Lider

ein scharfes Blinzeln
wenn Blicke töten könnten
ob die verfluchte Kreatur
mich sehen kann

im Nu ist sie verschwunden
vielleicht war sie nur
gut erfunden um aus dem
Apfelbaum hervorzukriechen
ein bühnenreifer Auftritt

da hört sie auf
ein Tier zu sein
denn sie kann sprechen
und sagt mit Menschenstimme
was heißt denn hier
verboten

und also beißt
du in die saftige
Frucht die sie
dir entgegenstreckt
es hat zu gut
geschmeckt

Die Samariterin am Brunnen

Ein Ort Gott weiß wo gelegen
ein Land mit wechselnden Namen
steil einen Bergkegel hinauf
winden sich Wege von denen
einer zum Brunnen führt
da steht die niedrige Zeder
spreizt ihre Äste
weit ab vom Stamm
aus den Zapfen fallen
geflügelte Samen ins Wasser
das ist tief und friert nie zu
wenn ich mich überbeuge
kann ich mich darin spiegeln
ich warte auf den
der mit mir reden wird
der alles von mir weiß
mehr als genug
und der meinen Durst stillt
mit unerschöpflichem Wasser
er braucht dazu keinen Eimer
keine Winde und keinen Krug

Die Befreiung des Petrus
(nach Apostelgeschichte 12)

Eitel Licht ist da
auf einmal gewesen

ohne zu klirren
sind ihm die Ketten
von den Füßen geglitten

wieder laufen können
vorbei an der ersten
der zweiten Wache

das eiserne Tor hat sich
lautlos in den Angeln
gedreht und das Licht

das Licht das er in
seiner Dunkelhaft am
allermeisten entbehrt
hat mehr als Wasser und
Brot mehr als die Luft
zum atmen und mehr als
die Sprache die im Finstern
sprechen verlernt das
Licht hat ihm
heimgeleuchtet

nach so großem Leiden
ein so großes Licht
ein Abglanz
ein Engel ein
zweites Gesicht

Philippus und Nathanael

Sie schwatzten nicht
sie plauderten nicht
sie erzählten sich Geschichten

am liebsten
von der Himmelsleiter
die am offenen Himmel
lehnte und an der
die Engel auf und
nieder stiegen was
für ein unwahrscheinlich
schönes Bild

freilich die Freunde
waren sich sicher
das würde wieder geschehen
nur nicht aufhören
zu warten und zu hoffen
dann stünde auch ihnen
der Himmel offen
und es erscheine der
von dem schon die
Propheten geredet haben

doch als es so weit war
und Philippus dem Freund
verkündete nun sei
aus Nazareth gekommen
den sie so sehnlich

erwartet haben
da wurde er ausgelacht
wers glaubt wird selig
was soll aus Nazareth
schon groß kommen

doch Nathanaels Zweifel
wurden beiseitegeschoben
am besten du kommst mit
und siehst selber ob ich
die Wahrheit gesagt habe

Am besten jeder von uns
hat einen Freund
der unsre Bedenken zerstreut
am besten wir mit
unseren Berührungsängsten
lassen uns überreden
und folgen ihm nach
am besten wir hören uns an
was uns der zu sagen hat
von dem schon die
Propheten geredet haben
der hat uns schon gekannt
als wir noch im
Mutterleib gebildet wurden
er versteht unsere
Gedanken von ferne
und hält seine
Hand über uns

Unser Engel

Als Bomben
vom Himmel fielen
Feuer und Schwefel
zählte man unseren
Marmorengel am
Friedhofseingang
zu den schutzwürdigen
Objekten wegen seines
Alters aus dem
zwölften Jahrhundert

anfangs wurde er
gegen Splittergefahr
in Säcke gemummelt
darum daß nun und
nimmermehr ihn treffen
kann kein Schade

im vierten Kriegsjahr
als Molotowcocktails
und Stalinorgeln piffen
(wer hat solche Worte
zusammengesetzt)
verbrachte man ihn
in eine tausend Meter
tiefe Salzmine
zusammen mit anderen
Engeln Heiligen
Christussen Päpsten

Luthern und Kreuzen
eine ökumenische
Versammlung untertage
kein Haar sollte ihnen
gekrümmt werden

Jahre nach Kriegsende
wieder ans Licht geholt
alle noch in derselben
Haltung die der Bildhauer
ihnen beigebracht hatte
auch unser Engel
war nicht gealtert
nur sein feingemeißeltes
Lächeln schien
hintergründiger
geworden zu sein

Glück im Unglück?

Nicht wiederzuerkennen

Drehkräne hiefen
tonnenschwere Heroen
von den Sockeln
eine Weile schweben
sie und schwanken
drehn sich um sich selbst
erzene Riesenmobiles
die Seilwinde wird länger
vielleicht reißt sie entzwei

bald ist der Spuk vorbei
die eine oder andre
der Figuren wird nicht
wiederzuerkennen sein
ein neuer Leib
ein neuer Kopf
ein fremdes Vaterland
ein anderes Jahrhundert

aus einem eingeschmolzenen
Preußenkönig ist dann ein
Brückenheiliger geworden
Lenin verschiffte man
nach Schweden wo er zu
Gustaf Adolf umgegossen wird
wer weiß als was
sich Blücher der alte
Haudegen noch outet

wie verlautet ergibt
ein andrer Held von
echtem Schrot und Korn
samt seinem Unterbau
und seinem stolzen Ross
Edelmetall die Menge
der Schmelztiegel kocht über
der Sieger blutiger Schlachten
wird auf einem Brunnenrand
erscheinen als Nepomuk
als Wasserspeier als
Nixe die statt Beine
einen Fischschwanz hat

den Unbekannten Soldaten
einen bessern findst du nit
hätte man stehen lassen sollen
wo er stellvertretend für
Millionen seit Ewigkeiten
stand aber nein allein
der Wechsel ist beständig
der Gott der Eisen wachsen
ließ der wollte keinen
noch einmal fallen sehn

ansonsten ist abstrakte
Kunst gefragt
stählerne Knoten
Kugeln die durch-
schossen sind
halbierte Bronzebüsten
Riesenlippenstifte

Kinderbadewannen
Fettstühle und
Reliefs mit hundert
Nägeln beschlagen
die Köpfe drehen sich
wie Vogelschwärme
die Hungerkralle
schreit zum Himmel
und ruft um Hilfe
und dann die Marmordaphne
von Hans Arp
ein Hüftschwung nur
nur eine Wendung
um davonzukommen

in Klammern
Luthern ließ man stehn
er konnte ja nicht anders

Keinem droht das Trommelfell zu platzen

Wer eine Gotteslästerung
mitanhören mußte hat seine
Kleider entzweigerissen zum
Zeichen daß er sich grämte
und für das Lästermaul schämte

Heutzutage ach
die Welt verroht
droht keinem mehr
das Trommelfell zu
platzen wir schwatzen
drauflos wie uns der
Schnabel gewachsen die
Spatzen pfeifen es von
den Dächern im Himmel
sei Jahrmarkt und Gott
sei tot

Spiegelnde Strafen

Zum Glück gibts keine
Spiegelnden Strafen mehr
wie in gruseligen Zeiten

wo man dem Mörder
die Hand
dem Dieb
zwei Finger
dem Ehebrecher
den Penis
und dem Gotteslästerer
die Zunge abhackte

einhändig
dreifingrig
entmannt
lallend
liefen wir
durchs Disneyland

Die Nerve *

In einer dieser
selbstvergessenen
Sekunden wenn die
Worte schon
eh sie gedacht
dastehn und
den Ton angeben

scherte der Dichter
an seinem Stehpult
sich nicht um die
Grammatik vertauschte
einfach die Artikel
und schrieb anstatt

der Nerv
die Nerve

ein Wort
das es nicht gibt
eins das klingt
als halte man
die Stimmgabel
ans Ohr und horche

auf das Geflüster
der liebevollen Beiden
von Erdenglück
von Engelsarmen

und nicht zuletzt
von Leiden wahrlich
zum Gotterbarmen

* zu Goethes Liebesgedicht »An Frau von Stein«

So und nicht anders?

Also könnte ich
mir nicht entkommen
geprägte Form die so und
nicht anders sich entwickelt
würde alles noch einmal
genau so machen
denselben Unsinn
dieselben guten Taten
würde immer wieder
dieselben Liebesbriefe
und Gedichte schreiben
die Erbse unter Bergen
von Matratzen spüren
meine dünne Haut verfluchen
die idiotische Hoffnung
auf bessere Tage
sogar meine Krankheiten
erwiesen sich als unentbehrlich
würde wie eh und je
die Zähne zusammenbeißen
was bliebe mir anderes übrig
würde immer wieder davonkommen
auf einem fliegenden Teppich
aber mit dem Heimfindevermögen
der Vögel nach Hause
zurückkehren eine Billion
Nervenzellen erinnern sich
und wenn es köstlich
gewesen ist ist es
Glück im Unglück gewesen

Herzensangelegenheiten

Dein eigenes Herz
im Brustkorb getragen
im Beutel verpackt
kannst du nicht sehen
gelegentlich hören

nachts wenn es still ist
da pumpt es schon mal
hart und begeistert
im Takt mit einem
anderen Herzen
klopft deins oder meines
Mundzumundbeatmung
beruhigt uns wieder

Nichts schöner als
sein Herz zu verlieren
es kann dir glatt
in die Kniekehlen
rutschen im Hals
stecken bleiben
im Schläfenbein
schlagen

am besten trägst
du dein Herz
auf der Zunge
wenn dir die richtigen
Worte fehlen sage

mit den Minnesängern
daß du beschlossen
bist in meinem Herzen
und mußt immer
drinne sien

Hingucker

Mehr furchterregende
Tattoos als nackte Haut
Nasenflügel gepierct
Brustwarzen und
Bauchnabel auch
weiß der Himmel
wo noch überall
es einschüchternd
glitzert und blitzt
ob auch ein Spreng-
stoffgürtel als
grausam Rüstung
unterm Hosenbund
sitzt oder will der
Bemalte nur Götz
von Berlichingen
zitieren und Leute
wie dich und mich
schockieren

Der Brückenaffe von Heydelberg

Nach Kölner Dom
und Loreley
nun diese Stadt
der ländlich schönsten eine
mit schicksalsträchtger Burg
lebendig grünem Efeu
im Tal der Neckar
der das alles spiegelt
der Treidelpfad gepflastert
mit verlornen Herzen
just hier in Heydelberg
ist wunder was geschehn
der alte Brückenaffe
schmiss seinen Spiegel
wütend in das Wasser
die Tauben trippeln
gurrend hin und her
der Hofnarr säuft vor
Schreck das Weinfass leer
die Himmelskönigin am
Kornmarkt ringt die Hände
den Affen schert das nicht
was thustu mich angaffen
ein Kopfsprung er ist
selber weggeschwommen
allerdings nicht weit
gekommen die erste Schleusen-
kammer hat ihn eingefangen
gehoben und gesenkt und

durchgerüttelt was wäre
Heydelberg bloß ohne dich
hier ist dein Spiegel wieder
groß wie deine Ohren
hastu wol aus Versehn verloren
halt ihn auch fürder wacker hin
vielleicht bleibt doch mal
einer stehn erblickt sein Bild
das stumme Echo schaut hin und
her krault dir das Fell und
denkt da findestu wol
seinesgleichen mehr

Wie einst Lili Marleen

3. Mai 1945

Die sowjetischen Panzer
waren mit Fichtenzweigen
getarnt auch aus den
Drehtürmen wucherten
grüne Wipfel

rollte der Wald
auf Raupenketten
in unser weiß
beflaggtes Dorf

das Kopfstein-
pflaster knirschte
mit den Steinen

was in aller Welt
sind wir jetzt
besiegt
befreit
besetzt

frag lieber was wir
waren und wollten
als unsere Panzer
auf Raupenketten

unbeflaggte
polnische
Dörfer
überrollten

Soldatenfriedhof

Militairhändler orten
mit Geigerzählern zu
nachtschlafender Zeit
nach Verdienst und Ehren-
zeichen Bruststernen
eisernen Kreuzen erster
und zweiter Klasse Nah-
kampfnadeln Verwundeten-
und Tapferkeitsorden
der Gott der Eisen
wachsen ließ der
wollte keine
Drückeberger

Auf ein Ritterkreuz mit
Schwertern und Brillanten
zu stoßen wäre zu schön
um wahr zu sein das
non plus ultra sozusagen

Die Erkennungsmarken
sind in die Gräber
zurückgeworfen worden

Als die Deutsch-Deutsche Grenze fiel

Auf den fünfhundert
Grenzkilometern
wo unsere Koppeln oft
unter Wasser standen
wurden die Grenzschilder
entfernt wir könnten wieder
die echte Kamille sammeln
und Tausendgüldenkraut das
Kinderfieber senkt wo
Räumfahrzeuge standen, schoß
über Nacht in zierlichen
Rosetten Wegerich auf,
Löwenzahn, die Blütenköpfe
geöffnet: Bienen belecken sie
und mischen die süße Salbe Trost:
der Stengelsaft der Ringelblume
läßt Wunden schneller verheilen;
und hat ein Blümlein bracht
mitten im Niemandsland
selbst noch das Natternkraut,
das wir zur Hungerszeit
gegessen haben. Wir können
hinknien zu den breiten
gelben Blättern der Alraune,
um ihre Wurzeln auszugraben,
bei wachsendem Mond verabreicht,
betäuben sie, daß du den Schmerz
des Schnittes nicht
mehr spürst wilde

Lupinen die Sprengmeister
im Lande schleudern ihre
Samen meilenweit
über das verminte
Gelände

Sängerkrieg

Nicht daß die Lieder
uns nur auf der Zunge
lagen sie rührten Herz
und Lippen an
nie gelernt und
immer schon gekonnt

buntbeschienen standen wir
im Licht das aus den
hohen Fenstern auf uns fiel
der Kantor hob die
Stimmgabel ans Ohr und
summte uns den ersten Ton
Psalter und Harfe
wacht auf
Jubilate deo

die andern Lieder
lagen in der Luft
die grölten wir
aus voller Kehle
Wer jetzig Zeiten leben will
der muß im Gleichschritt gehen
marschieren muß der jetzt
mit ruhig festem Schritt
auch bei gedämpftem Trommelschlag
das Echo brach sich
an den Häuserfronten
als wärs ein Stück von mir
ein Lied zwei drei

ja was denn nun
hatten wir zwei Zungen
und einen tausendfachen Mund
taten wir singen
die Lieder klingen
im Eichengrund

reimte sich noch
Hirte auf verirrte
nun reimte sich
Kaserne auf Laterne
die deine Schritte kennt
die alle Abend brennt
in diesem Licht
wollten wir stehn
wie einst Lili Marleen

Schnitzeljagd

Wir sind doch nur
querfeldein gerannt
durch kein schöner
Land als das unsre
weit und breit wurden
Schnitzel gestreut wie
Kiesel bei Hänsel und
Gretel flink wie die
Wiesel haben wir Haken
geschlagen glühend im
Glanz dieses Glückes
als hätten wir Fieber

kommt da auf einmal
der Hase ins Bild der
ein Auge zukneift auf
den Jäger anlegt der
Rauch aus der Flinte
Piff Paff hat er etwa auf
uns gezielt wir haben doch
bloß Schnitzeljagd gespielt
uns nichts dabei gedacht
und uns halbtotgelacht

Könnte man das schwarz-
weiße Konfetti der zer-
rissenen Zeitungen wieder
zusammensetzen wär nach-
zulesen wofür wir flink

wie Windhunde werden
sollten und hart wie
Kruppstahl

Stille Post

Ich habe nicht vergessen
wie wir im Kreis gesessen
im Winter in der Stube
draußen fiel Schnee

das erste Kind hatte
ein möglichst langes Wort
dem zweiten Kind
ins Ohr zu flüstern
und das dem dritten

und so fort immer
dasselbe Wort vier
fünf sechs siebenmal
und so verlor das erste
eingeflüsterte von Ohr
zu Ohr Buchstaben und
verschluckte Silben

nur noch Gebrabbel kam
aus Kindermund und
reichlich Spucke

waren wir im
Handumdrehen alt
geworden spielten
wir Gedächtnisschwund

mir hat es keinen
Spaß gemacht
ich war für eine
ordentliche
Schneeballschlacht

Mein Bach in den Wiesen

Er runzelt die
klare Stirn als
grübele er woher
er kommt und wohin
es ihn treibt

Den Sonnenschein
wirft er wieder
zurück so können
die Blumen am Ufer
die Strahlen fassen
und sich wärmen lassen

Im Juni im Juli
tanzen Glühwürmchen
über dem Wasserspiegel
ein sanftes Feuerwerk
ohne Rauch und Knall-
effekte

In hellen Nächten
zersplittert mein
Bach den Mond auch
wenn er nur halb
zu sehen ist

Im Weiterfließen
hört man es murmeln
und ist doch rund
und schön

Ein Bild für die Götter

Kamele durchschreiten
im Passgang gespiegelte Seen
trockene Wellen lecken
ihnen die Hufe sie
schreiten und schaukeln
und schleppen alles was
ihnen aufgehalst wurde
Winde wehn ihre
sandige Spur
wieder zu

nur wenn die Treiber
von weither den Singsang
des Muezzims vernehmen
legen sich Wind und Sand
in dieser pathetischen
Wüste gehn auch die
Hengste die Stuten
und mitgenommenen Fohlen
spreizbeinig in die Knie
ein Bild für die Götter

könnten die Tiere auch
sprechen sakra sie
beteten mit gespaltenen
Oberlippen die Suren
arabisch ägyptisch
sumerisch archaisch

wenn ich abends nicht
einschlafen kann
zähle ich keine Schäfchen
ich zähle Kamele

Das Mitbringsel

Hat mir doch jemand
eine russische Holzpuppe
mitgebracht

sieben Matroschkas
ineinanderverschraubt
ein und dieselbe Visage
zugekniffene Augen
lippenloser Mund

alle sehn aus als ob
sie Presswehen haben
und eine die andre gebiert

bis auf das allerkleinste
Figürchen das hockt
zuinnerst nicht einmal
daumengroß unfertig
wie ein Fötus ein
Homunculus der es
noch nicht bis zum
Menschen geschafft hat

ich werde die sieben
wieder zusammendrehen
und weiterverschenken

Mein Vater

Hoppe hoppe Reiter
auf seinen Knien
Das ist der Daumen
der schüttelt die Pflaumen
mit unseren beiden Händen
das wäre Vater gewesen

Meiner war für
solche Kindereien
nicht zu haben
er hatte wichtigeres
zu tun als mir
einen Drachen zu
bauen den ich hätte
steigen lassen können
eine Muschel ans Ohr
zu halten hörst du
das Meer wie es braust
das wäre Vater gewesen

Kinder wollte er
eigentlich keine
aber wir kamen
unsere Mütter gingen
alsbald weinend wieder
von hinnen eine jede
das Unterpfand seines
Liebesgestammels im Arm
Kavaliersdelikt ist

ein unschönes Wort
unser Vater nahm
Tarnfarbe an hüllte
sich in Schweigen
und in den süßen
Duft seiner Brasil

Trägt die Vogelscheuche noch
Großvaters Hut?

Flämingmuseum

Am imposantesten die Dampfmaschine von 1906,
(Großvater Eugen hat sie angeschafft)
kolossale stählerne Skulptur, Schwingrad, Rohre,
Röhren zum reinsten Tizianrot verrostet.
Schwarz und körnig glänzt der Handpflug,
spreizt sich schmerzhaft schief, nun auch schon
museal – jedenfalls in unsern Breitengraden –
Ich habe noch gesehn, wie das unterste zuoberst
zerkrümelt wurde und wie die blanken Schollen
hinter dem Pflüger stehen blieben, als habe der
mit eigner Hand der Erde zum Atmen verholfen.
Der große Kupferkessel hat Grünspan angesetzt,
am schönsten in den tiefen Beulen und auf dem
langen Fernrohr, wohin ich es auch drehe, ich sehe
keine Waffen, nur den dünngewetzten Dengel
                                        einer Sense,
eine Peitsche, einen Führgalgen zum
                                        Pflaumenmuskochen,
die Wringmaschine folterte nur Wäsche,
der Dreschflegel drosch nur die Spreu vom Weizen
friedfertige Geräthe mir th geschrieben.
Alles in allem ein braves, bucklichtes, mürrisches
Annodazumal, das sich ausruht von der ganzen
                                        Plackerei.
Das Spinnrad ist schon lange arbeitslos
An der Spindel hat Dornröschen sich gestochen
und ringsum fielen sie in einen tiefen Schlaf,
sogar die Fliegen an der Wand und auch
der Koch hat erst nach hundert Jahren
dem Küchenjungen seine Ohrfeige verpaßt.

Überhaupt hat es den Anschein, daß alles hier
vor hundert Jahren eingeschlafen ist.
Die Wiege seufzt, wenn ich dagegenstoße.
Sie macht sich Sorgen, ob sie auch
sanft genug geschaukelt habe, bevor
ich in die Welt gestoßen wurde.
Was noch? Das erste Telephon hängt dort,
Sprech- und Hörmuschel getrennt, Hallo Hallo,
ist da jemand, warum sagen sie denn nichts?
Der Türklopfer, ein Fundstück, frühe Bronzezeit,
der Vorschlaghammer aus einem Keltengrab?
er ist so schwer, wenn man ihn aufhebt,
tönt so traurig, wenn man ihn bewegt,
und die Stunde schlägt hier immer
neunzehnhundertsechs.

Erstklässler

Es war gar nicht so einfach
in die Schule zu kommen
man mußte sich einen
Knoten ins Taschentuch
machen um alle Sieben-
sachen im Tornister
zu haben und durfte
nicht vergessen wie man
den Griffel richtig hält
es war verboten auf die
Schiefertafel zu spucken
ein vorher angefeuchtetes
Schwämmchen hatte das A
und das O wieder auszulöschen
nur mit Herzklopfen
und Erröten
konnte man vor die
Klasse treten um ein
Gedicht aufzusagen
ohne dabei zu stottern
bis es endlich
Hitzeferien gab
und man fünf gerade
sein lassen konnte
wischte man sich den
Schweiß von der Stirn
alles in allem
war es ein
fröhlicher Eustress

Endgültiger Abschied

Wohin jetzt mit dem Schlüssel
in die Manteltasche
auf den Sims über der Haustür
oder unter das Futterhäuschen
auf dem Fensterbrett
da haben wir ihn immer
für Spätheimkehrer hinterlegt
ein offenes Geheimnis

meine Mutter
wog ihn in der Hand
hob ihn in Mund-
in Augenhöhe
als wolle sie ihn
verschlucken

aber es war ein
alter Schlüssel
mit langem Rohr
und großem Bart
für alle Ewigkeit
geschmiedet um
diese eine Tür
für uns zu öffnen

Mutter hat ihn schließlich
mit klammen Fingern
ins Schloß zurückgesteckt
sollen doch die Sieger
unsre Haustür
nicht einschlagen müssen

Zungenbrecher

Habe ich auch
den Herd abgeschaltet
den Wasserhahn zugedreht
das Licht ausgemacht
den letzten Müllbeutel
entsorgt

habe noch einmal
die Katze gekrault
sie schnurrte bei
gesträubtem Nackenhaar
dann sah ich sie
zum letzten mal
die Treppe hochspringen
die Katze tritt
die Treppe krumm
die Katze tritt
die Treppe krumm
ein Zungenbrecher
bei dem man nicht
stottern durfte

die Uhren werden
weiter ticken
das Telephon wird
weiter läuten
die Katze hungrig
durch geschlossene
Türen streichen

der Spiegel im Flur
erblinden weil
ich mich nie wieder
blicken lasse

Die Haustür

Meine vier Wände
meine vier Stufen
im Sprung genommen
und immer bin ich
mit der Tür
ins Haus gefallen

die vier Füllungen
zeigen noch heute
die Einschläge
der Gewehrkolben
einer unter dem andern
acht an der Zahl

ich kann mit Finger-
spitzen danach tasten
wie nach den Grifflöchern
einer tönernen Okarina

auch wenn man nur
hineinatmet fängt
sie an zu schlucken
und zu schluchzen

Heimat

Nicht daß ich wieder
hier leben wollte
als sei es Orplid
mein Land das
ferne leuchtet
Gott bewahre

hätte nur gerne nachgesehen
ob die Sandwege inzwischen
von der Stelle gekommen sind
im Auf und Ab der Endmoränen
das Kopfsteinpflaster
noch so holterdipolter ist
die Lokomotive noch
dampft und pfeift
ob die Garben noch so
haltesuchend aneinanderlehnen
blühen am Bach noch
blauäugig die Vergißmeinnicht
der Brennesselbusch so kleene
stolpert das Wasser noch
über braune Steine und zerrt
lange grüne Algenzöpfe mit
trauern die Weiden noch
verneigen die Rauchsäulen
sich aus den Schornsteinen
je nachdem woher der Wind weht
rüttelt der Habicht
über seiner Beute

ist es manchmal immer
noch so still
daß man das Rupfen
der Kühe hören kann
das Knistern der Eierschalen
wenn ein Küken schlüpft
kriechen die schwarzen
Schnecken mit hocherhobenen
Fühlern durch den nassen Tag
regnet es hier kleine
Schusterjungs und hängen
die angepickten Sonnenblumen-
teller noch so schwer kopfüber
krabbeln die Bienen
in den Blütengrund und
taumeln schwerbeladen
wieder raus segeln
Altweibersommerfäden
durch die Lüfte mein Gott
wie schleierhaft die waren
brüten Elsternpaare
hier schon im Schnee
trägt die Vogelscheuche
noch Großvaters Hut
das muß ich wissen
wippen die weißen Becher
auf den Hochspannungsleitungen
noch so lustig auf und ab
wenn ich mein Ohr an den
Mast lege höre ichs summen
und im dämmrigen Scheunentor
der Pferdekopf oh Fallada

da du hangest wenn das
deine Mutter wüßte
ob der Klapperstorch
noch die Kinder liefert
und der Mutter ins Bein beißt
die Katze um den heißen
Brei herumschleicht
Unkenrufe Unglück bringen
Scherben und Schornsteinfeger
Glück der Hahn noch pünktlich
bei erstandner Morgen-
röte kräht ob die Rosen
noch so süß duften
die Frauen noch
Kittelschürzen tragen
und einen Knick in die
Paradekissen auf
den Betten drücken
ob sie noch Kohl
einstampfen Pflaumenmus
umrühren bis sie sich
darin spiegeln können
ob die Uhren noch
vernehmlich ticken und
aufgezogen werden müssen
knarrt die unterste
eingetretene Treppenstufe
seufzt die Haustür
in ihren Angeln
und vor allem ist es
noch gang und gäbe
die Spiegel

zu verhängen
wenn einer
gestorben ist
warum fällt mir das ein
jetzt wo doch
alle Spiegel
verhängt sein müßten

Stillleben

Bei uns hatten die Haustüren
keine Spione aber Hufeisen
die Glück bringen sollten
feierlich weißer Rauch
stieg aus den Schornsteinen
der Tonwarenfabriken
wenn die Brennöfen brannten
an allen Mauern blühte
der Flieder über und über
und gleichzeitig die Kastanien
so haben sie Vincent
Modell gestanden am
hellichten Tag hat der
Fuchs die Gans gestohlen
und gab sie nicht wieder her
aus den Birken und Eichen-
rinden trat durchsichtiges
Harz die Leute sagten
die Bäume weinen

Der Optimist

Weiß er nicht hat er nicht
die leiseste Ahnung
wies unter der Sonne zugeht
unterm Smog wo die Luft
nicht hochsteigen kann
der Warnton kommt
immer zu spät wenn der
Stechlin schon schäumt
das Meer schon Druckwellen
übereinandertürmt
die Erde schon anfängt
sich zu verschieben
es gibt kein Halten mehr
der Himmel bis an den
Gottes Güte reichen sollte
träufelt und trieft
nicht mehr vor Gerechtigkeit
Himmel und Erde
Feuer und Meer
alle vier Elemente
scheinen sich gegen uns
verschworen zu haben
vermaledeite Teufel
die über uns kommen
so sieht es aus
nichtsdestoweniger
bleiben wir von
dem Wunsch beseelt
vielleicht doch
verschont zu werden

Letzter Kriegswinter

Dank Kohlenklau
glühte die eiserne
Tür des Kachelofens
und es gab genug
Asche zum streuen
die Hofpumpe war
mit Stroh umwickelt
der Schwengel auf halber
Höhe festgefroren
auf den Fensterscheiben
blühten Eisblumen
und welkten wieder
vor unserem Atem
Fett Fleisch Zucker
waren rationiert wie
unsere Hoffnung in
immer kleineren Portionen
Tag und Nacht
heulten die Sirenen
zum Fliegeralarm
warten auf die Entwarnung
warten auf den
nächsten Feldpostbrief
warten die berühmte
Ewigkeit lang
auf wen auf was
etwa auf die Weihnachts-
zuteilung Bohnenkaffee
doch wenn es am nötigsten

fehlt gibt es keinen
Luxus mehr es gab
Ersatz und Ersatz
für Ersatz der Schnee
wollte und wollte
nicht schmelzen und blieb
unverfroren liegen
die Erkennungsmelodie
im Deutschlandsender
empfahl immer Treu
und Redlichkeit zu üben
bis an dein kühles Grab
und das obgleich
zur selben Zeit
Worte mit Schaum
vorm Mund im
Volksempfänger brüllten
und uns fragten ob wir
den totalen Krieg wollten
und wir fragten uns
hinter der hohlen Hand
ob die verheißenen
Wunderwaffen nicht
doch bloß Märchen
gewesen waren

Versteigerung

Dem Meistbietenden
der die Ausrufpreise
in schwindelnde Höhen treibt
wird der Auktionär
das unbezahlbare Objekt
aushändigen müssen
Zum ersten
Zum zweiten
Zum dritten

Honeckers Schreibtischgarnitur
mit vier schwergoldnen SS-20-Raketen
für die Füllfederhalter
der geballten goldnen Faust
fürs Tintenfass
dem Miniaturkreml
pures Gold versteht sich
für die Briefschaften

ist im Räderwerk der Geschichte
unter Hammer und Sichel gekommen
Auf der Schreibunterlage
steht FRIEDEN

Neue Zeitrechnung

Seit Sätze die von
Stall Heu und Stroh
erzählen in ein
Märchenbuch gehören
ganz zu schweigen
das alberne Wort
Jungfrauengeburt
also seitdem muß
die alte Zeitrechnung
von Grund auf
korrigiert werden

seit wessen Geburt
zählen wir jetzt unsre
Erdentage deren Spur
nicht in Äonen unter-
gehen soll wer hat mehr
zum Heil der Menschheit
beigetragen als dieser
obdachlose Galiläer

etwa das namenlose Genie
aus dem sumerischen Ur
dem wir die bahnbrechende
Erfindung des Rades
verdanken

der allererste Schrift-
künstler ein Ägypter
oder war er ein Syrer

der ritzte Zeichen in
steinerne Gräberwände
Inschriften für die
Lebenden oder die Toten
bis heute nicht entziffert

sollte man auch an
Christoph Kolumbus denken
überzeugt von der Kugelgestalt
unsrer Erde segelte er
immer neuen Inseln
und Kontinenten entgegen

und der russische Raum-
fahrer mutterseelenallein
im All in seiner engen Kapsel
er landete auf dem Mond
da hielt die Welt den Atem an
Grund genug im Jahre
soundsoviel nach Gagarins
Geburt zu leben

schwerwiegende
Entscheidungen müssen
getroffen werden
die klügsten Köpfe
machen sich Gedanken
es gibt weiß Gott
Gesprächsbedarf genug
viel zu viel
steht diesmal
auf dem Spiel

Inhalt

Vorwort   7

Dilemma   13
Arbeitsprotokoll   14

Keine andere helfende Hand als die durchbohrte

Warumb   17
Zeitrechnung   18
Nicht darauf gefasst   19
Einspruch eurer Ehren   20
Es ist   22
Hoffnung   23
Spiegelbild   24
Wie könnte ich   25
Portrait einer Hugenottischen Ahnfrau   26
Kindergottesdienst   27
www.weihnachten.de   29
Krippenfiguren   30
Der Gottsucher   32
Zukunftsmusik   33
Der Atheist   34
Sterne   35
Es hat sich begeben   36
In der Sprache des Heliand   37
Luther im Gewitter bei Stotternheim   38
Was ich Luther sagen wollte   39
Melancholia   40
Was heißt verboten   41
Die Samariterin am Brunnen   43
Die Befreiung des Petrus   44
Philippus und Nathanael   46
Unser Engel   48

Glück im Unglück

Nicht wiederzuerkennen 53
Keinem droht das Trommelfell zu platzen 56
Spiegelnde Strafen 57
Die Nerve 58
So und nicht anders? 60
Herzensangelegenheiten 61
Hingucker 63
Der Brückenaffe von Heydelberg 64

Wie einst Lili Marleen

3. Mai 1945 69
Soldatenfriedhof 70
Als die Deutsch-Deutsche Grenze fiel 71
Sängerkrieg 73
Schnitzeljagd 75
Stille Post 77
Mein Bach in den Wiesen 79
Ein Bild für die Götter 80
Das Mitbringsel 82
Mein Vater 83

Trägt die Vogelscheuche noch Großvaters Hut?

Flämingmuseum 87
Erstklässler 89
Endgültiger Abschied 90
Zungenbrecher 91
Die Haustür 93
Heimat 94
Stillleben 98
Der Optimist 99
Letzter Kriegswinter 100
Versteigerung 102
Neue Zeitrechnung 103